レクリエーションって何だろう？

　レクリエーション（レク）は、学校やクラスの雰囲気をよくしたり、より仲よくなったりするためのアクティビティのこと。楽しく盛り上がるのはもちろん、その中で起きる交流をとても大切にしています。

　レクは、本来、そこに集まった人たちの緊張や不安を取り去り、リラックスして活動しやすくするためのものです。楽しく和やかな雰囲気のなかで、人と協力しつながりを深め合い、たがいが大事な友達であることを感じる場でもあります。

　ですから、レクをやってみようとこの本を開いたみなさんは、そのレクに参加するすべての人が安心して笑い合い、楽しい場として感じることができるように、心がけてみてくださいね。そして、とくにレク係さんは、それをリードできるよう、チャレンジしてください。

　楽しいレクの時間になることを応援しています！

たてわりレクって？

　この巻では、ほかの学年の友達と組んだたてわり班で楽しめるレクを紹介しています。たてわりレクのいいところは、いろいろな学年の友達を知り、仲よくなれること。学年をこえて仲を深めれば、学校全体で大きなチームとしてまとまることができます。

たてわりレクのポイントは P.7へ

⭐ このシリーズのレクのとくちょう

この本は、だれもが楽しめる、そして安心して活動に参加できるレクのプログラムを集めました。レクに参加する全ての人にとって、いやな思いや不安な思いをすることのないように、内容や手順を考えてあります。

また、レクを全員が楽しみ、うまく進められるように、どのレクにも共通して、「暴力NO」「パスOK」「持ち出し禁止」という「3つの基本ルール」を設けました。必ず全員が理解した上で行いましょう。これを全員が守ることによって、だれもが安心して豊かなコミュニケーションを楽しむことができるのです。

⭐ 3つの基本ルール

1 心も体も！「暴力」はNO！

人の体や心を傷付けること、例えば相手がいやだと思うことばや、無視、人によって反応を変える等も絶対にしてはなりません。そこにいるだれも傷付けないことを考えて行動します。

2 無理なく楽しもう！パスしてもOK！

苦手なことや不安なことがあり、参加したくない人は「パス」と言って見ているだけの参加もOKです。見ているうちに「やってみたい」と思えば、途中からの参加もできます。レクは無理に参加しなければいけないものではありません。

3 ほかでは話さない 持ち出し禁止

レクを心から楽しんだり、普段とちがう自分を表現したりするために、「この場のことは、この場だけのこと」として、**よそでは話題にしません**。悪気はなくても別の機会や、ほかの人との話題に出されるのは、いやだと思う人もいます。

★ 指導者のみなさんへ

このレクリエーションプログラム集は「子どもの社会的スキル横浜プログラム（Y-P）」をベースにして作成されています。本来は、教師が教室で実践するものですが、子ども達の力でもできるようにていねいに解説を加えてあります。子ども達が実施するに当たっては、先生方がレク係となる子ども達の力や、参加対象となる子ども達の状況を見極めたうえで支援していただくことが大切です。このレクリエーションプログラム集の理念と、この本で紹介しているレクについての指導者の指導のポイントを、P.42にくわしく掲載しています。お読みいただき、参加する全ての子どもが、安心して楽しく豊かなレクリエーションの時間を楽しむことができるよう、ご支援ください。

> 「子どもの社会的スキル横浜プログラム（Y-P）」とは
> 子どもたちの社会的スキルを育て温かな学校・学級風土を醸成することを目的としたプログラム。横浜市教育委員会がいじめや不登校対策として作成したガイダンスプログラム（集団で行う生徒指導プログラム）です。

もくじ

レクリエーションって何だろう？ …… 2
この本の使い方 …………………… 5

レク係さんは必ず読もう！
レクをやってみよう！ …………… 6
ぴったりのレクを選ぼう！ ………… 8

レク① 名刺交換、よろしくね ……………………… 10
レク② 何が好き？ ………………………………… 12
レク③ リズムでつなごうみんなの輪 ……………… 14
レク④ くっつき虫 ………………………………… 16
レク⑤ 人間ちえの輪 ……………………………… 18
レク⑥ 勝て勝てパワーじゃんけん ………………… 20
レク⑦ ギュッと団結！ …………………………… 22
レク⑧ この動物何だ？ …………………………… 24
レク⑨ 記憶力お絵かきゲーム …………………… 26
レク⑩ 記念撮影「はい、ポーズ！」 ……………… 28
レク⑪ 何の音かな？ ……………………………… 30
レク⑫ 動物歌合戦 ………………………………… 32
レク⑬ サイン送りじゃんけん …………………… 34
レク⑭ シュート＆キャッチ ……………………… 36
レク⑮ 円陣手つなぎ風船ラリー ………………… 38

たてわりレク
よくあるおなやみQ&A ………… 40
指導者のみなさんへ …………… 42

みんながハッピー！
レクリエーションアイデア早見表 …… 44
レク用シート …………………… 46

この本の使い方

レクの しょうかい ページ

本文は、そのまま読み上げれば、参加者への説明に使えます。

ねらい
レクを通して経験できること、身につけられることをしょうかいしています。

二次元コード
レクの説明をするときに便利なスライドをPDF形式でダウンロードできます。

あそびかた
レクのあそびかたについて、順を追ってくわしくしょうかいしています。

人数
レクをする人数の目安です。

時間
レクにかかる時間の目安です。

準備
準備のあり・なしはここをチェック。

場所
そのレクをするのに向いている場所です。

使うもの
レクをするために必要なものです。必ずチェックしましょう。シートを使う場合は、P.46からダウンロードしたり、コピーしたりします。

準備
レクの前に済ませておく準備です。道具やシートの配り方、みんなに知らせておくことなどが書いてあるので、必ずチェックしましょう。

スライド番号
この番号が、スライドの右上の番号になっています。スライドの使い方はこのページのいちばん下を見てください。

たとえばこんな感じ
レク係が見本を見せる場面を示しています。

楽しくなるコツ
ほかの人への声のかけ方や、アレンジして楽しむアイデアなど、レクを楽しむコツがわかります。

3つの基本ルール
レクを安心・安全に楽しむために必ず守るべき、3つのルールです。
→3つの基本ルールについては、P.3を見ましょう。

レク用シート

「名刺交換、よろしくね」（P.10）や「この動物何だ？」（P.24）など、紙を使うレクには、専用のシートを用意しています。二次元コードからダウンロードしてプリントするか、この本をコピーして使いましょう。

二次元コード
レク用シートの二次元コードです。シートをダウンロードすることができます。

切り取り線
点線がある場合は、線に沿ってはさみやカッターで切り取りましょう。

スライドの使い方

❶ダウンロード
この本では全てのレクに説明用スライドを用意しています。二次元コードを読み込み、ダウンロードして保存しましょう。
以下のURLからもダウンロードできます。
https://www.poplar.co.jp/pr/recreation-idea/

❷見せながら説明しよう
レクのあそびかたを説明するとき、スライドをタブレットの画面に表示させてみんなに見せたり、モニターに映すなど、共有しながら話すと、より伝わりやすくなります。

❸状況に合わせてアレンジしよう
文章がグレーになっている部分は、参加する人数や様子などに合わせて変更できます。グレーの部分をクリックして、変更しましょう。（半角数字）

＊このスライドを、この本のレク以外では使用しないでください。スライドのイラストや文章を無断で複製・複写すると著作権侵害にあたります。

レク係さんは必ず読もう！
レクをやってみよう！

レクの時間を計画したり、しきったりするレク係さんの大事なポイントをしょうかいします。

たてわりレクを計画してみるよ！

1 レクを選ぼう

レクをする人数や使える時間、場所などを確認しましょう。使うものや準備のあり・なしもチェックしてください。P.8のチャートや、P.44の早見表からレクを選ぶのもおすすめです。

2 レク係の中でも役割分担しよう！

司会進行役のリーダーのほか、使うものを配る係、時間を計測する係、レクによっては審判や参加者を見守る係などを決めておくと、レクがスムーズに実行できます。

3 説明の練習をしよう！

参加者にレクのやり方をきちんと伝えるために、事前に説明の練習をしましょう。この本の文章をそのまま読み上げたり、スライドを使ってイラストを見せたりしながら説明します。

☆たとえばこんな感じです。と書かれているところは、レク係が見本を見せる場面です。参加者に伝わるように、大きく声を出したり動いたりするといいでしょう。

レク係で事前にレクをひと通りやってみて、全体の流れや、みんながとまどいそうなところを知っておくことも大事です。

4 「もしも」に備えよう

レク中に起こりそうなハプニングなどに備えて、そのときにどうすればいいかを、以下の例を参考にみんなで話し合っておきましょう。

★ 本に書いてある人数より、メンバーが少ない班ができたら
⇒レク係がその班に入って補う。

★ 参加したいのにできなさそうな人がいたら
⇒なるべくみんなに気づかれないように、そっと声をかける。

★ 使う物が足りなくなったら
⇒そうならないために、事前に多めに用意しておく。

★ 時間が足りなくなりそうなら
⇒途中で省略できるところを考えておく。

5 先生に必ず相談・報告しよう

レクの時間は、学習時間のひとつ。行うレクや必要な準備など、必ず先生に報告しましょう。レクは先生がいるところで行うことが基本。トラブルが起きたときは、レク係だけで解決しようとせず、先生に相談することが大切です。

片づけも忘れずに！

使ったものはもちろん、机やいすなど、レクのために移動させたものがあれば元通りにしておきましょう。

たてわりレクのポイント

低学年は中高学年がサポート

他学年と過ごすことに慣れていない人や、レクそのものが初めてという低学年も多いので、中高学年がサポートするようにします。たとえば「わからないところはある？」と中高学年から声をかけ、わかっていないようであれば、さらにかんたんなことばに言い換えて説明しましょう。

コミュニケーションを取りやすくする工夫を

たてわり班は、ちがう学年同士が集まります。レクが始まる前にあいさつを交わし、レク中も声をかけ合うなど、コミュニケーションを積極的に取りましょう。また、低学年の子にもわかりやすいことばづかいを考えてみましょう。話すときは、かがむなどして目線を合わせると、より聞いてもらいやすくなります。

ぴったりのレクを選ぼう！

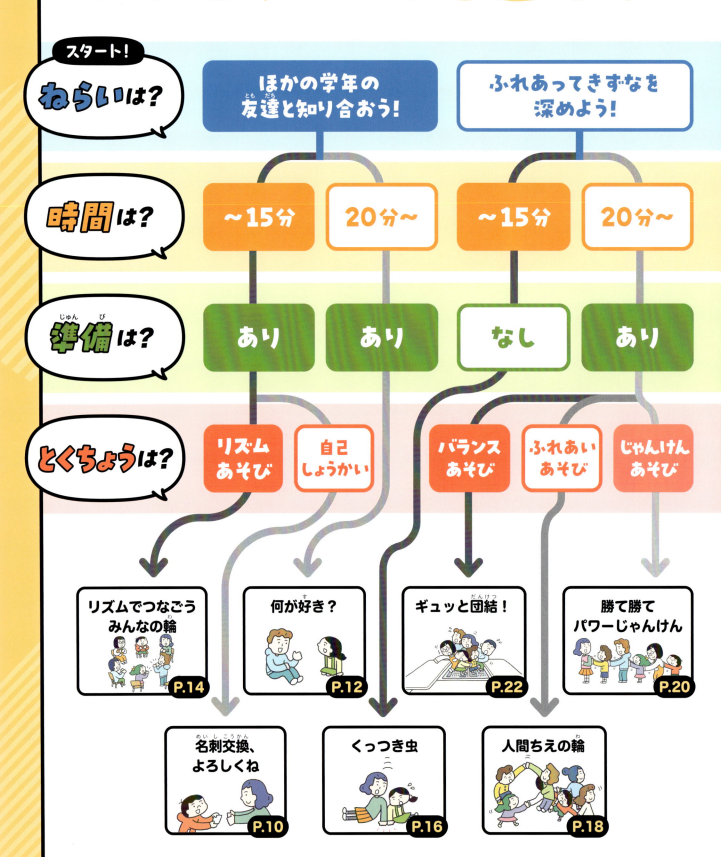

この本では、たてわり班活動におすすめの15のレクリエーションをしょうかいしています。この表では、レクのねらいや、かかる時間の目安、準備のあり・なしを選ぶだけで、条件に合うレクがすぐにわかります。さあ、チャレンジしてみましょう！

① ★ねらい★ ほかの学年の友達と知り合おう！

名刺交換、よろしくね

説明スライドはこちらから↓

どんなレク？

ほかの学年の友達と名刺を交換しながら、名前と好きなものを教え合います。同じ学校にいる仲間のことを知ると、学校がより安心で楽しくなるはずです！

☞スライド①

- 1班 6～10人
- 15分くらい
- 準備あり
- 教室や体育館

名刺を交換するだけでどきどきわくわく！

使うもの
- ★ P.46のシート …人数分
- ★ 筆記用具…人数分
- ★ はさみ…1つ
- ★（体育館の場合）ホワイトボード …1台

準備
- ★ P.46のシートを、人数分、141％拡大（A4→A3サイズ）コピーする。名刺シートと台紙シートで切り分け、さらに名刺は1枚ずつ切り分ける。台紙はひとり1枚、名刺はひとりにつき、班の人数の半分を目安に配る。
- ★ あそびかた ④ のコツを見て、「あたたかいことば」を黒板やホワイトボードに書いておく。

☞スライド②

あそびかた

カードの（ ）に、自分の名前や好きな食べ物、あそびなどを書き入れてください。書き入れたら名刺の完成です。

たてわり班の中で2列になり、向かい合って並んでください。もしひとり余ったら、レク係や先生が並びます。まず目の前の人と、名刺交換しましょう。

目の前の相手の顔を見て、「こんにちは」とあいさつをして、名刺を読み上げます。
☆たとえばこんな感じです。

読み終わったら、相手の顔を見て名刺をわたします。名刺をもらった人は、あたたかいことばをかけましょう。☆たとえばこんな感じです。もらった名刺はポケットに入れ、あとで台紙にはります。

楽しくなるコツ　あたたかいことばって たとえばこんなこと！
例　ぼくも（私も）○○が好きです
すてきだね・すごいね・なるほどね
うん、うん・おもしろそう！
スライド コツ

もらった人も同じようにします。終わったら「これからもよろしくね！」とあいさつをして、ひとりずつ左にずれて、別の人と交換します。

3つの基本ルール
スライド ルール

1 心も体も！「暴力」はNO！
どの相手にも、笑顔できもちのいい自己紹介をしましょう。相手によって態度を変えると傷つく人もいます。

2 無理なく楽しもう　パスしてもOK！
話すことが苦手な人は、読み上げるのはパスして、名刺をわたすだけでもOKです。

3 ほかで話さない！持ち出し禁止！
このレクで聞いたことは、レクが終わったら話しません。

→3つの基本ルールについては、P.3を見ましょう。

② ★ねらい★ ほかの学年の友達と知り合おう！

何が好き？

どんなレク？

同じものが好きな人、大集合！好きなことについて話します。ふだん話さない人と話すのは、はじめは緊張しますが、好きなものが同じなら、仲よくなれますね。

→ スライド①

好きなものの話は学年関係なく楽しい！

- 1班 6〜10人
- 25分くらい
- 準備あり
- 教室

使うもの
- ★ 色画用紙（4色）…各2枚
- ★ （必要であれば）いす …4脚

準備
- ★ 色画用紙を各色1枚ずつ教室の壁やいすの背もたれなどにはる。
- ★ だれでも分かるお題と4つの答えを用意する。

→ スライド②

あそびかた

みんなで教室の真ん中に集まります。教室には4色の紙がはってあります。レク係の質問を聞いて、自分が選んだ答えに合わせて、どれかの色の近くに移動します。

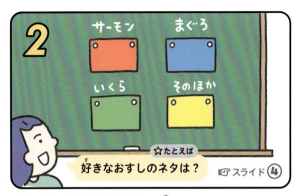

☆ たとえばこんな感じです。「好きなおすしのネタは？」「サーモンの人は赤、まぐろの人は青、いくらの人は緑、そのほかの人は黄色に集まってください！」質問を聞いたら、心の中で答えを選びましょう。

レク係の合図で声をそろえて「何が好き？」と言ってから、いっせいに自分が選んだ答えの色のところに行きます。

集まった人たちで2人組か3人組をつくり、すわりましょう。集まった人が1人しかいないときは、レク係や先生が加わります。

できた2人組（3人組）で、それが好きな理由を高学年から順番に伝え合いましょう。

楽しくなるコツ 理由が思いつかないときは、「好きだから」でもOK！

うまく説明できないときや、理由を思いつかないときは「好きだからです」と、答えてもOKです。
スライド コツ

3つの基本ルール スライド ルール

1 ＼心も体も！／ 「暴力」はNO！
「ちがう」「変」など相手の話を否定することは言いません。

2 ＼無理なく楽しもう／ パスしてもOK！
選べないときはパスしましょう。また、ほかの人の話を聞くだけでもOKです。

3 ＼ほかで話さない！／ 持ち出し禁止！
このレクで聞いたことは、レクが終わったら話しません。

→ 3つの基本ルールについては、P.3を見ましょう。

③ ★ねらい★ ほかの学年の友達と知り合おう！

リズムでつなごう みんなの輪

説明スライドはこちらから

どんなレク？
手やひざをリズミカルにたたきながら、名前を呼び合うレクです。名前を呼んだり、呼ばれたりすることによって、班のきずなが深まります。　スライド①

ノリノリで名前を呼び合おう！

- 1班 6〜10人
- 15分くらい
- 準備あり
- 教室や体育館

使うもの
★ いす…人数分
　（体育館の場合、なくてもOK）
★ 名札

準備
★ 班の人数に合わせて、いすを配る。
★ 名札をつける。名札がない場合は、A4サイズの紙を8枚に切り分けたものをひとり1枚配り、名前を書く。
　スライド②

あそびかた

たてわり班で輪になってすわったら、最初（高学年）の人を決めましょう。

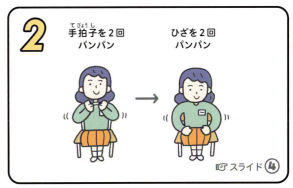

まずは、レク係の指示で練習します。こんなふうに手とひざをパンパンとたたいてください。これをくり返しましょう。

最初の人がこのリズムに合わせて、となりの人の名前を言いましょう。☆たとえばこんな感じです。

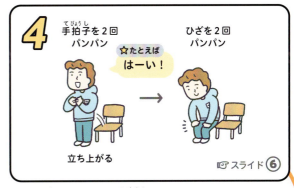

名前を呼ばれたら、手拍子をしながら「はーい」と言って立ちます。☆たとえばこんな感じです。その後も立ったまま続けます。

最初の人と同じようにリズムに合わせて、となりの人の名前を言います。1周して全員が立ち上がれたら、拍手します。次は反対周りにチャレンジしましょう。

楽しくなるコツ　最初はゆっくりしたテンポでチャレンジ！

最初は遅いテンポで始めます。リズムに乗れなかったら、できるまで遅いテンポのままくり返しましょう。

3つの基本ルール

1　「暴力」はNO！　＼心も体も！／
うまくリズムに乗れない人や、名前をまちがえた人がいても、責めません。

2　パスしてもOK！　＼無理なく楽しもう／
リズムに乗るのが難しい場合は、立ち上がらず、すわったまま挑戦してもOKです。

3　持ち出し禁止！　＼ほかで話さない！／
友達の様子や失敗など、レク中にあったことは、レクが終わったら話しません。

→3つの基本ルールについては、P.3を見ましょう。

④ ★ねらい★ ふれあってきずなを深めよう!

くっつき虫

どんなレク?

2人組になった相手と、体の一部をくっつけたまま立ったり歩いたりします。相手の動きや、きもちによりそって、離れないように工夫しながら動きましょう。

　スライド①

説明スライドはこちらから

- 1班2人
- 15分くらい
- 準備なし
- 教室や体育館

くっつき虫のように ぴったりくっついて!

あそびかた

1 まずは、別の学年の人と2人組をつくってください。

2 横に並んで立ったら、2人の腕と腕をくっつけます。
☆たとえばこんな感じです。

3 腕が離れないようにしながら、レク係の言った通りに動きます。 ☆たとえばこんな感じです。 「そのまますわってください」と言われたら、腕をくっつけたまますわります。

4 「そのまま歩いてください」と言われたら、腕をくっつけたまま歩きます。「いちに！ いちに！」など、声をかけ合うと動きやすくなります。もし離れてしまったら、くっつける場所を変えてやってみましょう。

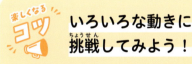

楽しくなるコツ
いろいろな動きに挑戦してみよう！

例：立ち上がる・すわる・歩く・寝転がる
ノートや黒板に字を書く
ボールなどを持って歩く
☞スライド コツ

5 腕以外に、かたや背中、頭やかかと、手のひらなど、くっつける場所を変えてあそんでみましょう。

3つの基本ルール ☞スライド ルール

1 ＼心も体も！／ **「暴力」はNO！**
けがにつながることもあるので、くっつける場所や動きは相手と話して決めましょう。

2 ＼無理なく楽しもう／ **パスしてもOK！**
くっつけたくない場所はパスして、別の場所にしてもOKです。

3 ＼ほかで話さない！／ **持ち出し禁止！**
友達の様子や、やりとりなど、レク中にあったことは、レクが終わったら話しません。

→3つの基本ルールについては、P.3を見ましょう。

⑤ ★ねらい★ ふれあってきずなを深めよう!

人間ちえの輪

どんなレク?
みんなで手をつないで輪になり、ちえの輪をつくります。うまくほどけるでしょうか? 仲間に気を配りながら体を動かすうちに、みんなをもっと身近に感じられるようになりますよ。

説明スライドはこちらから

▷スライド①

- 1班 6〜10人
- 25分くらい
- 準備あり
- 教室や体育館

みんなで集まって巨大ちえの輪に挑戦！

使うもの
★ストップウォッチ …1つ

準備
★当日は動きやすい服装で来ること、固いかみかざりやジッパーなど、人を傷つけるものは身に着けないことを参加する人たちに伝えておく。

▷スライド②

あそびかた

スライド③

班の中で集まり、ちえの輪をつくる役をひとりと、ほどく役を2人決めます。ほかの人はちえの輪役です。まず、ちえの輪をつくるところから始めます。

スライド④

ちえの輪役の人たちは右手が上、左手が下になるように手をつないで輪になります。ほどけなくなるので、このつなぎ方ができているか必ず確認しましょう。ほどく役の人は離れたところで、後ろを向きます。

スライド⑤

手はつないだまま、腕の間をくぐったり、交差させたり、つくる役の言う通り動きます。また、ほどく役の人にわからないよう静かに動き、3分くらいで完成させましょう。

スライド⑥

完成したら、ほどく役の人を呼びます。

楽しくなるコツ
まずは高学年の人がつくる役にチャレンジ！

ちえの輪をつくる役は、まず高学年の人がやってみましょう。ほかの学年の人がやる場合、高学年の人がいっしょにやってもOKです。　スライド コツ

スライド⑦

ほどく役の人が指示を出しながら、ちえの輪をほどきます。ちえの輪役の人は、手はつないだまま、ほどく役の人の指示通り動きましょう。3分くらいたってほどけなかったら、ほどく人たちは降参します。

3つの基本ルール　スライド ルール

1 \心も体も!/ 「暴力」はNO！
誰かが「痛いです」と言ったら、無理に動きません。

2 \無理なく楽しもう/ パスしてもOK！
体がふれあうのが苦手な人は、ちえの輪役をパスして、ほどく役やつくる役をしましょう。

3 \ほかで話さない！/ 持ち出し禁止！
友達の様子や、話したことなど、レク中にあったことは、レクが終わったら話しません。

→3つの基本ルールについては、P.3を見ましょう。

⑥ ★ねらい★ ふれあってきずなを深めよう！
勝て勝てパワーじゃんけん

どんなレク？
みんなで「勝て勝て！」と背中をさすって声をかけながら、じゃんけんをします。応援してくれる仲間の力強さやあたたかさが伝わって、ぐんと仲よくなるきっかけに！　🔗スライド①

説明スライドはこちらから↓

- 1班 6〜10人
- 20分くらい
- 準備あり
- 教室や体育館

勝〜て！勝〜て！
勝〜て！勝〜て！
勝〜て！勝〜て！

みんなの勝て勝てパワーが背中に伝わってくる!?

使うもの	準備
★ビブス…班の数分	★1班につき1枚、ビブスを配る。

🔗スライド②

あそびかた

まずは班の中で並び順を決め、先頭の人はビブスを着ます。人数が少ない班は、じゃんけんを2回やる人を決めておきます。

順番が決まったら、図のように班ごとに並びます。

先頭の人が「いくぞー！」と言ったら、班で声をそろえて「勝ーて！ 勝ーて！」と、言いながら前の人の背中をやさしくこすり、「勝て勝てパワー」を送ります。勝負の間も続けましょう。☆たとえばこんな感じです。

先頭の人は手を高くあげて「多いもの勝ちじゃんけん」をします。グー、チョキ、パーの中で、一番多い手を出した人たちが勝ちです。同じ数なら「あいこ」です。

勝ったら、後ろを向いて仲間に「勝ったぞー！」と言い、班全員で勝ちを喜び合いましょう。そのまま列の一番後ろに移動します。負けたら勝つまで先頭でじゃんけんをします。

全員が勝った班はすわります。最後の2班になったら、多いもの勝ちではなく、ふつうのじゃんけん勝負にしましょう。

3つの基本ルール

1 \心も体も！/ 「暴力」はNO！
じゃんけんで勝てるかどうかは、運次第です。負けた人を責めるのはやめましょう。

2 \無理なく楽しもう/ パスしてもOK！
体がふれあうのが苦手な人は、最初に「声だけでお願いします」と宣言しましょう。

3 \ほかで話さない！/ 持ち出し禁止！
じゃんけんの勝ち負けなど、レク中に起こったこと、話したことは、レクが終わったら話しません。

→3つの基本ルールについては、P.3を見ましょう。

⑦ ★ねらい★ ふれあってきずなを深めよう！

ギュッと団結！

どんなレク？
1枚の新聞紙にたてわり班のみんなで乗って、落ちないように支え合います。全員で力を合わせて、じょうずにバランスをとってみましょう。
📱スライド①

説明スライドはこちらから

- 1班 6〜10人
- 20分くらい
- 準備あり
- 教室や体育館

班のみんなで支え合って落ちないようにキープ！

使うもの
- ★ 新聞紙…班の数より多め
- ★ マット…各班4枚ずつ

準備
- ★ 当日は動きやすい服装で来ること、固いかみかざりやジッパーなど、人を傷つけるものは身に着けないことを参加する人たちに伝えておく。
- ★ 1班に1枚、新聞紙を配る。
- ★ マットをしいておく。

📱スライド②

あそびかた

1. 転ぶと危ないので、先生が補助できるよう1班、または2班ずつ挑戦します。最初の班はマットの中央に新聞紙を広げて置いてください。

2. 低学年から順に、新聞紙に乗ってください。低学年を囲むように、中～高学年の人が乗りましょう。片足で乗ったり、まわりの人につかまったりしてもOKです。

……27、28、29、30！

3. 全員が乗ったら、大きな声で30秒数えてください。その間、だれも新聞紙から落ちなければ成功です。だれかが「痛い」と言ったらやめましょう。

4. もし新聞紙が破れたら、大きい方の破片を使ってもう一度チャレンジしましょう。難しければ、新しい新聞紙を使いましょう。

楽しくなるコツ　新聞紙を折ってさらに難易度アップ！

成功したら、次は新聞紙を少し折って小さくしてからやってみましょう。折れば折るほど、難易度がアップします。どのくらい小さくできるか、班ごとにチャレンジしてみましょう。

3つの基本ルール

1 「暴力」はNO！ \心も体も！/
仲間はずれにしたり、失敗した人を責めたりしません。友達がいやがる場所はさわりません。

2 パスしてもOK！ \無理なく楽しもう/
乗るのが難しいと感じたときはパスして、ほかの人を応援しましょう。

3 持ち出し禁止！ \ほかで話さない！/
友達の様子や失敗など、レク中にあったことは、レクが終わったら話しません。

→3つの基本ルールについては、P.3を見ましょう。

⑧ ★ねらい★ 相談しながら答えを見つけよう！

この動物何だ？

どんなレク？

体の動きで動物を表現して、仲間に何の動物か当ててもらうレクです。体をのびのび使って、仲間にお題を伝えます。当てる人は想像力を働かせましょう。

説明スライドはこちらから

🔖 スライド①

必死になればなるほどおもしろい！

- 1班 6〜10人
- 20分くらい
- 準備あり
- 教室や体育館

使うもの
★ P.47のシート…班の数分
★ はさみ…1つ
★ いす…人数分
★ 机…班の数分
★ ストップウォッチ…1つ

準備
★ P.47のシートを班の数だけプリントして切り分け、1班につき9枚、配ります。

🔖 スライド②

あそびかた

1 はじめになりきりマンになる順番を決めます。最初は高学年の人からやってみましょう。最初のなりきりマンは立ちます。動物カードはよくまぜて、裏返して重ねておきます。

2 なりきりマンは動物カードの一番上のカードをめくります。ほかの人には見えないようにしましょう。

3 なりきりマンは「これは何の動物でしょう？」と言って、10秒間くらい、カードに書いてあった動物を体の動きだけで表してください。☆たとえばこんな感じです。

4 時間になったら、ほかの人は、なりきりマンが表していた動物をみんなで考えて、答えをひとつに決めます。また、なりきりマンへのあたたかいメッセージを考えましょう。

楽しくなるコツ あたたかいメッセージってたとえばこんなこと！

例 おもしろかったです！・すてきでした！
かっこよかったです！
そっくりでした！
　　　　　スライド コツ

5 声をそろえて答えとメッセージを言います。☆たとえばこんな感じです。答えとメッセージを聞いたら、なりきりマンは正解を発表します。

3つの基本ルール スライド ルール

1 心も体も！「暴力」はNO！ なりきりマンに「へた」「わからない」など、傷つけることばは避けましょう。また、なりきりマンはうまく伝わらなくても怒りません。

2 無理なく楽しもう パスしてもOK！ なりきりマンは、カードを引き直してもOKです。なりきりマンになりたくないときは、パスしてもかまいません。

3 ほかで話さない！持ち出し禁止！ 動物のまねをする様子や、レク中に見たことや話したことは、レクが終わったら話しません。

→ 3つの基本ルールについては、P.3を見ましょう。

⑨ 記憶力お絵かきゲーム

★ねらい★
相談しながら答えを見つけよう！

どんなレク？
見本の絵をおぼえて、班のみんなでリレーしながら1枚の絵を完成させます。どんな絵ができるか、楽しみながら取り組んでみましょう。
☞スライド①

説明スライドはこちらから

- 1班 6～10人
- 25分くらい
- 準備あり
- 教室や体育館

みんなの記憶力で絵を完成させよう！

使うもの
- ★ P.48～49のシート…1枚
- ★ 画用紙…班の数分
- ★ テープ（またはがびょう）
- ★ 目かくし用の紙（A3くらい）…1枚
- ★ フェルトペン…班の数分
- ★ ストップウォッチ…1つ

準備
- ★ P.48～49のシートを廊下（体育館の場合はついたてやパイプいすの裏側など）にはり、さらに目かくし用の紙を重ねてテープなどではる。
- ★ それぞれの班にフェルトペンと紙を配っておく。

☞スライド②

あそびかた

絵をかく順番を班で話し合って決めてください。最初は中～高学年の人から始めてみましょう。

各班の最初の人が廊下に出ます。「記憶タイムスタート！」の合図で、レク係が目かくし用の紙をめくります。15～20秒でイラストシートをよく見ておぼえ、「もどってください」の合図で、教室にもどります。

「お絵かきスタート！」の合図で、イラストシートを思い出して、30秒くらいで紙にかきます。だれかがかいている間は、ほかの人は話してはいけません。

「お絵かきストップ！」の合図で、かくのをやめましょう。そのあと、次の人にイラストシートの内容で確認してきてほしいポイントを伝えましょう。

「次の人どうぞ！」の合図で、次の人がイラストシートを見に行きます。もどったら、前の人がかいた絵にかき足します。かいた絵は直せません。

最後の人まで、2～5をくり返します。できあがった絵を班ごとに発表しましょう。

3つの基本ルール スライド ルール

1 ＼心も体も！／「暴力」はNO！
「絵がへた」「まちがっている」など、相手が傷つくことを言ってはいけません。

2 ＼無理なく楽しもう／ パスしてもOK！
絵が苦手な人は、見てきたものをことばで伝え、ほかの人にかいてもらいましょう。

3 ＼ほかで話さない！／ 持ち出し禁止！
絵の出来など、レク中に起きたこと、話したことは、レクが終わったら話しません。

→ 3つの基本ルールについては、P.3を見ましょう。

⑩ 記念撮影「はい、ポーズ！」

★ねらい★
相談しながら答えを見つけよう！

どんなレク？
班のみんなで、「はい、ポーズ！」ポーズをとったら、次は少しだけポーズを変えてもう一度！ 相手の班は、どこが変わったか当ててみましょう。 ☞スライド①

説明スライドはこちらから

- 1班 6〜10人
- 20分くらい
- 準備あり
- 教室や体育館

相手のポーズをよ〜く見て変わったところを見つけよう！

使うもの
★ストップウォッチ…1つ

準備
★帽子やランドセルなど、小道具を用意しておく。

☞スライド②

あそびかた

まずは、2つの班で集まって、ポーズをとる班と、当てる班を決めてください。

当てる班は後ろを向いて目を閉じてください。ポーズをとる班は、相談してポーズを決めます。

レク係の「はい、ポーズ！」の合図で、ポーズをとります。当てる班は目を開けて前を向き、10秒間でおぼえてください。☆たとえばこんな感じです。

レク係の合図で、当てる班はもう一度後ろを向きます。ポーズをとる班は相手に見えるところのポーズや小道具をひとり1か所ずつ変えます。

ポーズをとる班は、またポーズをとります。レク係の「はい！ またポーズ！」の合図で、当てる班は前を向き、どこが変わったか当てます。

当てられた人は「当たりです」と手をあげてはっきり言います。班のリーダーが言ってもOKです。全部当たらなくても3分経ったら、班の役割を交代しましょう。

3つの基本ルール スライド ルール

1 心も体も！ 「暴力」はNO！
変わったところがわからなくても、相手に文句を言いません。

2 無理なく楽しもう パスしてもOK！
変わったところがわからないときは、降参してもOKです。

3 ほかで話さない！ 持ち出し禁止！
話したことや、みんなのポーズについてなど、レクで起きたことは、レクの時間が終わったら話しません。

→ 3つの基本ルールについては、P.3を見ましょう。

29

⑪ 何の音かな?

★ねらい★
相談しながら答えを見つけよう!

どんなレク?
身近なものの音を聞いて、みんなで相談しながら何の音か当てるレクです。タンバリンの音、パトカーの音など、ふだんよく聞く音でも、音だけで当てるのは意外と難しいですよ。

☞スライド①

- 1班 6～10人
- 20分くらい
- 準備あり
- 教室

聞こえてくる音によ～く耳をすませて……

使うもの
- ★いす…人数分
- ★タブレット…1台
- ★机、紙、ペン…それぞれ班の数分

準備
- ★いろいろな音を出しているところを、タブレットで録画しておく。
  例)タンバリンや鈴など楽器の音・ボールをはずませる音 はさみで紙を切る音・黒板にチョークで字を書く音 など

☞スライド②

あそびかた

1 ☆たとえば これは何の音でしょう？

班ごとにすわります。レク係が「これは何の音でしょう？」と言ったあと、タブレットで音を出すので、耳をすませてよく聞いてください。

☆たとえばこんな感じです。

2

答えがわかっても、音がしている間は静かに聞きます。聞こえなかったら「もう一度鳴らしてください」と言ってください。

楽しくなるコツ 最初に全員が聞こえるかチェックしよう

最初の音を出したら、レク係が「聞こえましたか？」と、みんなに確認します。聞こえない人がいたら、音量を上げるか、タブレットの近くに移動してもらいましょう。

3 鈴かな？ タンバリンかも！

答えを班のみんなで相談して、紙に書きます。わからなかったときは、「パス」と書きましょう。

4

答えを班ごとに発表します。

5 鈴の音でした！

レク係が正解の動画を見せます。正解した班には拍手をしましょう。

3つの基本ルール

1 ＼心も体も！／ 「暴力」はNO！
まちがえた人をからかったり、責めたりしません。

2 ＼無理なく楽しもう／ パスしてもOK！
わからなくてもOKです。その場合はパスして、次の問題に挑戦しましょう。

3 ＼ほかで話さない！／ 持ち出し禁止！
レク中に話したことや起きたことは、レクが終わったら話題に出しません。

→3つの基本ルールについては、P.3を見ましょう。

31

⑫ ★ねらい★
心を合わせてもっと仲よくなろう！

動物歌合戦

どんなレク？

動物の鳴き声で歌を歌います。その動物になったつもりで、声を合わせてみんなで歌えば、おなじみの曲もさらに楽しく歌えるはずですよ。
☞スライド①

説明スライドはこちらから

- 1班 6〜10人
- 10分くらい
- 準備あり
- 教室や体育館

動物になりきって元気いっぱい歌っちゃおう！

使うもの	準備
★ P.47のシート…1セット ★ はさみ…1つ	★ P.47のシートを切り分けて、動物カードをつくる。 📱 スライド ②

あそびかた

1 班ごとに集まってすわってください。

☆たとえば
にゃーにゃー にゃーにゃー
（むーすーんーでー）
にゃーにゃーにゃーにゃー
（ひーらーいーて）

2 レク係が動物のカードを出します。レク係が「さんはい！」と言ったら、「むすんでひらいて」をカードの動物の鳴き声で歌ってください。☆たとえばこんな感じです。

☆たとえば
ブーブーブッブー　ブーブブブー
（てーをーうってー）（むーすんでー）

3 レク係が歌の途中でカードを変えたら、その動物の鳴き声で歌いましょう。☆たとえばこんな感じです。

ウーキーキーキー
（むーすーんーでー）

4 今度はほかの班と集まって歌合戦です。班ごとに順に歌います。歌い終わったらみんなで拍手をしましょう。

楽しくなるコツ　ルールをアレンジしてやってみよう！

例　曲を変える
　　曲の途中で歌う班を交代する
　　カードを変えるタイミングを速くする

📱 スライド コツ

3つの基本ルール
📱 スライド ルール

1 ＼心も体も！／「暴力」はNO！
歌をまちがっても責めません。元気よく声を合わせることが大切です。

2 ＼無理なく楽しもう／パスしてもOK！
歌うのが苦手な場合は、歌うのをパスして、みんなの歌を聞くだけでもOKです。

3 ＼ほかで話さない！／持ち出し禁止！
歌い方など、このレクで起きたことや話したことはレクが終わったら話しません。

→3つの基本ルールについては、P.3を見ましょう。

⑬ ★ねらい★ 心を合わせてもっと仲よくなろう！

サイン送りじゃんけん

どんなレク？

班のみんなでサインを決めて、じゃんけんで何を出すか決めましょう。相手にわからないように協力しながら、サインを伝え合いましょう。　☞スライド①

説明スライドはこちらから

- 1班 6〜10人
- 15分くらい
- 準備なし
- 体育館

仲間だけのサインを決めて じゃんけん勝負！

34

あそびかた

まずは、班で話し合って「グー」「チョキ」「パー」をそれぞれどんなサインにするか、決めてください。しゃべったり見たりしないで、手や背中のふれ方で伝わるサインにします。

2つの班で向かい合って並び、一番右の人が出す手を決めます。相手に見えないように、体の後ろでとなりの人にサインで伝えます。最初は一番右を高学年の人にして、学年順に並ぶと成功しやすくなります。

何を出すかわかったら、同じようにしてとなりの人に伝えましょう。しゃべったり、サインを見たりしてはいけません。わからないときだけ声に出して「もう一度」と言い、再びサインを出してもらいましょう。

最後の人まで伝わったら、全員で「せーの！ じゃんけんぽん！」と言って、サイン通りの手を出し、じゃんけんの勝負をしましょう。

まちがった手を出した人がいたら、その班の負けです。どちらの班にもまちがった手を出した人がいたら、「あいこ」です。

勝ち負け、あいこが決まったら、一番右の人が一番左に移動します。そのあと、また一番右の人がサインを決めて伝えます。これをくり返します。

3つの基本ルール

1 心も体も！ 「暴力」はNO！
サインや出す手をまちがえた人がいても、責めません。

2 無理なく楽しもう パスしてもOK！
体がふれあうのがいやな人は、合図を決める係や、審判をしましょう。

3 ほかで話さない！ 持ち出し禁止！
勝ち負けや失敗など、レクで起きたこと、話したことはレクが終わったら話しません。

→ 3つの基本ルールについては、P.3を見ましょう。

14 ★ねらい★ 心を合わせてもっと仲よくなろう！

シュート＆キャッチ

説明スライドはこちらから

どんなレク？
ゴールマンの持っている箱に向かってボールを投げてシュートします。「どうしたら友達が受け取りやすいかな？」と、仲間同士で思い合うことが成功のカギ！
▶スライド①

- 1班 6～10人
- 20分くらい
- 準備あり
- 校庭や体育館

ゴールマンと息を合わせてシュートを決めよう！

使うもの
- ★バレーボールくらいのボール…班の数分
- ★ボールが入る大きさの箱…班の数分
- ★ストップウォッチ…1つ
- ★ビニールテープやライン引き…1台

準備
- ★ビニールテープやライン引きで3～5mの線を引く。そこから5mくらい離れた場所に、同じくらいの長さの線を引く。

▶スライド②

あそびかた

ゴールマンとキャッチマンをひとりずつ決めます。ゴールマンは箱を持ち、2人とも線の後ろに立ちます。最初は高学年の人がやるのがおすすめです。

ゴールマンやキャッチマンに向き合うように、ほかの人はもう1本の線の後ろに一列に並びましょう。先頭の人はボールを持ちます。

「よーいどん！」の合図で、先頭の人がゴールマンの持つ箱に向かって、下から優しくボールを投げます。線より前に出ないように注意しましょう。

ゴールマンは左右に動き、ボールを箱で受け止めます。線より前に出ないように注意しましょう。ボールが箱に入らなかったらキャッチマンと協力して拾い、先頭の人に転がしてもどします。ボールが入るまでくり返します。

楽しくなるコツ 低学年の人の投げるボールがゴールに届かないときは？

低学年の人は線より前に出たり、ワンバウンドしたりしてもOKです。また、制限時間を長めにして、チャレンジしてみるのもいいでしょう。投げ方を練習したり、かけ声を決めたりしてもいいですね。

　スライド コツ

ボールが箱に入ったら、「ナイスシュート！」、外したときは「ナイスチャレンジ！」など、あたたかい声をかけましょう。シュートが成功した人は次の人にボールをわたして、列の後ろに並びます。5分以内に一番多くシュートを決めた班の勝ちです。

3つの基本ルール

スライド ルール

1 心も体も！「暴力」はNO！
シュートを失敗したり、ゴールマンやキャッチマンがうまく取れなかったりしても責めません。

2 無理なく楽しもう パスしてもOK！
ゴールマンをやるのが不安な人はやらなくてもOKです。

3 ほかで話さない！持ち出し禁止！
勝ち負けなど、このレクで起きたことや話したことは、レクが終わったら話しません。

→3つの基本ルールについては、P.3を見ましょう。

15 ★ねらい★ 心を合わせてもっと仲よくなろう！

円陣手つなぎ風船ラリー

説明スライドはこちらから

どんなレク？
班のみんなで円になって手をつなぎ、風船を落とさないように打ち上げます。おたがいに声をかけ合って、協力しながらラリーをつなげましょう。 ☞スライド①

- 1班 6〜8人
- 20分くらい
- 準備あり
- 体育館

班のみんなで支えあって落ちないようにキープ！

使うもの
★ 風船…割れた場合に備えて多めに用意
★ ストップウォッチ…1つ

準備
★ 班分けは、1班を8人くらいまでにしておく。（多すぎると、スムースにできない）
★ 班の数だけ、風船をふくらませておく。

☞スライド②

あそびかた

全員で手をつないで円になります。高学年同士や、低学年同士が並ばないようにするとラリーが続きやすくなります。

レク係が「スタート！」の合図とともに、風船を円の中に投げ入れます。

手をつないだまま、風船が落ちないように手で打ち上げます。ほかの場所で打ってはいけません。みんなで打った回数を数えましょう。全員が打てるように声をかけ合ってください。

風船を打ちやすいように、円全体で動きましょう。ゆかに落ちたら拾って、落ちたときの数から数え直します。5分間で打った回数が一番多い班の勝ちです。

楽しくなるコツ
声をかけ合って　だれが打つか伝え合おう！

例：私たちが打ちます！
〇〇さんと〇〇さん、打ってください！

3つの基本ルール

1　心も体も！　「暴力」はNO！
風船を落とした人を責めてはいけません。また、ほかの人を無理に引っぱったり、ぶつかったりしてはいけません。

2　無理なく楽しもう　パスしてもOK！
苦手な人は円に入らず、声かけだけ参加してもOKです。

3　ほかで話さない！　持ち出し禁止！
レク中に話したことや起きたことは、レクの時間が終わったら話題に出しません。

→3つの基本ルールについては、P.3を見ましょう。

よくある たてわりレク おなやみの Q&A

「あそびかたをわかりやすく伝えたい！」「集中して聞いてもらうには？」など、たてわりレクのときにありがちな、困りごとや心配ごとを解決するコツをしょうかいします！

Q レク係が安心してレクを仕切るためには？

A 必ず3つの基本ルールを初めに説明！

「3つの基本ルール」は、レクを安心安全に実行するための大事な約束ごと。初めに必ずレク係から参加者に説明し、参加者全員に理解してもらってからレクをスタートしましょう。もし、ルールを守れない人がいたら、すぐに先生へ助けを求めてください。

Q あそびかたをわかりやすく伝えるには？

A レク係がポイントを実演！

短くかんたんなことばで説明し、ポイントとなるところは、実際にやって見せることが大事です。この本では、それぞれのレクにのせている文章を、そのまま読んでお手本を示せば、だれにでも伝わるように表現を工夫しています。レク係は、事前に説明の練習をして、わかりにくいところがないかをチェックしておくといいでしょう。

集中して説明を聞いてもらうためには？

A スライドを活用して説明しよう！

ことばだけで説明すると、参加者はイメージがつかめず、途中で集中力を切らしてしまう場合があります。この本では全てのレクに、イラスト付きの説明用スライドを用意しています。スライドでイラストを示しながら「わかった人は手を挙げて！」などと、ときどき声をかけて、理解しているかを確かめながら説明を進めましょう。

みんなに安心して楽しんでもらうためには？

A つまずきや失敗をおおらかに受け止めよう！

つまずきや失敗はだれでもあること。レク係はおおらかなきもちで受け止めて、あたたかい目で見守るようにしましょう。もし慣れないことにとまどう人や、ルールを理解するのに時間がかかる人がいたら「ゆっくりでいいよ」「気にしないでいいからね」などとレク係が率先して声をかけてください。低学年を始め、みんなが安心してレクを楽しめる雰囲気がたてわり班に広がります。

盛り上がりすぎて止められないときはどうしよう？

A 音が出るようにタイマーをセット！

予定していた時間をオーバーしても、レクの盛り上がりが続き、止められなくなることがあります。それを防ぐために参加者には初めに終了予定時間を発表し、タブレットのタイマー機能やデジタルタイマーをセットします。残り時間を画面で示して参加者に意識させ、時間が来たら大きな音が出るように設定しておきましょう。

☆ 指導者のみなさんへ ☆

レクリエーションを行うときに

　本書は、「子どもの社会的スキル横浜プログラム（Y-P）」（以下横浜プログラム）をもとにして作成された、子どものためのレクリエーションプログラム集です。横浜プログラムは、横浜市教育委員会がいじめや不登校対策として作成したガイダンスプログラム（集団で行う生徒指導プログラム）です。子どもに年齢相応のコミュニケーション能力や問題解決能力、自分と折り合いをつける力や、安全・安心で温かな学校・学級風土づくりを集団活動（グループワーク）を通して体験的に身につけさせることを目指しています。

　右の表の「ねらい」にあるように、それぞれのプログラムには明確な指導上のねらいがあります。指導者（教師）はそれを意識して集団の育成を図りますが、本来、集団の風土の醸成は指導者（教師）と構成員である子どもの協働作業です。

　そのため、本書では、子どもがそのねらいを意識して活動したり、レク係として主導したりすることによって、子ども自身に温かな集団の風土づくりの担い手となる力を育てることを目的のひとつとしました。

　具体的には、横浜プログラムの基本概念である3つの基本ルール「暴力NO」「パスOK」「持ち出し禁止」を、参加するすべての子どもたちの約束として、子どもたちに意識させ、守らせることを大前提としています。

　参加するすべての子どもたちが、レクリエーション活動で安心して心を開き、仲間ときずなを深めることができるように、以下の**「安心・安全なレクリエーション実施のためのポイント」**をお読みください。また、右の表の「指導のポイント」をふまえ、子どもにすべてを任せるのではなく、指導者の適切な支援をお願いします。

安心・安全なレクリエーション実施のためのポイント

レクリエーションが、参加者の状況に適していること

子どもが選んだレクリエーションについては、すべての子どもが参加可能かどうかを吟味してください。参加が難しい子ども、傷つく子どもがいると予想される場合は、その内容ややり方を簡単にしたり量を調節したりして、できる限り全員が同じように参加できるように工夫することを助言してください。

3つの基本ルールを徹底すること

本書のレクリエーションでは、必ず、事前に「暴力NO」「パスOK」「持ち出し禁止」という「3つの基本ルール」を守ることを子どもたちと約束することとしています。守られない場合には、指導者はきちんと指摘し、守るよう伝える必要があります。レク係がコントロールできない事態になったら、指導者は毅然として活動を中止してください。

明確なインストラクション

本書には、レクリエーションのねらい、やり方（スライドと説明）、3つの基本ルールの具体（そのレクではどのようにするか）が書かれています。レク係には、スライド（絵）や実際にやって見せる（デモンストレーション）などの方法で参加者に活動内容を説明し、よく理解してもらってから始めるよう伝えてください。始める前に質問がないか、またはパスする人がいないかどうかも尋ねるようにします。

3つの基本ルールについて

1　身心も体も！「暴力」はNO!

身体的な暴力はもちろんのこと、心理的な暴力として、「相手が嫌がることを言う」「否定的なことを言う」、相手が気になるような態度で「目くばせをする」などがあります。各ページの終わりにはそのレクで起こりそうなことを具体的な言葉として挙げてありますが、何がそれに当たるのかは子どもの判断では難しい場面もあります。指導者が注意深く観察してください。

2　無理なく楽しもう！パスしてもOK!

子ども自身が活動に不安を感じているようなら「パス」と宣言して、その場で見ているだけで参加していることとします。見ているうちにできそうに思えたらいつでも参加してよいので、レク係や指導者がタイミングよく誘うことも大事です。「パスOK」は、「いやなこと、できないことは無理強いされない」ことを示す安全・安心のキーワードです。それを許容する集団には、「寛容」の風土が自ずと醸成されます。

3　ほかで話さない！持ち出し禁止！

その場で起こったことはその場限りのこととして、ほかの場所では話題にしないということです。自分には楽しかったことでも、ほかの人にとっては嫌だったり不安を感じたりしたことだったかもしれません。また、心を開いた仲間だからこそ、自己開示ができたのかもしれません。この場のことはこの場限りのこととして、ほかの場やほかの人には言わないということを説明してください。

レク名	ねらい	指導のポイント
❶ 名刺交換、よろしくね！(P.10)	集団の中で自己表現できるよう、練習の機会とする。	事前に作成した名刺は教師が点検しておく。名刺は両手で渡したり受け取ったりできるように、必ず名刺を入れるもの（探検バッグやポシェット、またポケットのある服）を準備させる。もらった名刺は必ず台紙に貼れるように時間を確保する。
❷ 何が好き？(P.12)	自分と似ている人、違う人の存在を知り相互理解を深め合う。	2人組が組めない場合は、レクリーダーが速やかにどの班で3人組になるか指示するように伝えておく。「その他」を選択した子がしゃべれない場合は、レク係が近くに行って「聞いているだけでいいよ」とケアするように伝える。
❸ リズムでつなごうみんなの輪 (P.14)	誰とでも気軽に声をかけ合える雰囲気を楽しむ	リズム打ちと名前を呼ぶ練習、立ち上がる練習をゆっくり行い、できるようになってから始める。返事ができない、次の人の名前を言えない子がいた場合は、みんなでその子の言うことを言ってやることで続けさせ、1回目で全員が立てるようにする。
❹ くっつき虫 (P.16)	身体接触を通して、仲間ときもちを合わせることの大切さを実感する。	転倒防止のため、背中を合わせるときは、背中全体をつけるのではなく左右半身までとして、完全に後ろ歩きになる子が出るのを避けるようにする。「手をつなぐ」はなしとして、手のひらまたは手の甲をつけるようにする。
❺ 人間ちえの輪 (P.18)	身体接触を通して集団の中の自分を意識し、コミュニケーションをとることの大切さを実感する。	手順2で示した手のつなぎ方を、全員が確実にできているか点検してから始めるように指示する。ほどく時間の制限をして、時間内にほどけなかったら、そこで終わりにする。「痛い」という声が上がったら無理にやらないように予め伝えておく。
❻ 勝て勝てパワーじゃんけん (P.20)	集団で遊ぶ楽しさや友達のあたたかさを感じ、友達にあたたかい声かけをできるようにする。	班の団結を高めるように掛け声の練習をしてから始める。勝敗が決まったら振り返って「勝ったぞー！」と言うことを忘れない。
❼ ギュッと団結！(P.22)	協力して成功するという体験を通して、達成感を味わい、仲間への信頼感を強める。	新聞紙とマットの間に隙間ができないようにする。苦しかったり、痛かったりしないように、無理をしないこと、特に低学年のことをいたわるように伝える。
❽ この動物何だ？(P.24)	あたたかいコミュニケーションをとりながら、ジェスチャーでゲームを楽しむ。	当たり外ればかりに目が行かないように、ジェスチャーをした人に対して必ずあたたかい言葉をかけることを強調する。これができているかどうか、途中で確認したり、よくできている班を褒めたり、例に挙げるようにレク係に指示したりする。
❾ 記憶力お絵かきゲーム (P.26)	自分の意見をはっきり伝えたり、仲間の話に耳を傾けたりして、分担・協力する楽しさを味わう。	走って絵を見に行くことを防ぎ、絵を見る時間を同じにするために、見本の絵にカバーをしておき、全員がそろったらレク係がカバーを外して見せるように予め伝えておく。
❿ 記念撮影「はい、ポーズ！」(P.28)	仲間と作戦を立てたり、役割を分担し合ったりと、協力することによって、チームワークを育む。	当たり外れは、当てられた人が手を挙げてはっきり「当たりです」と言う。言えない時には班のリーダーが変わって言うように伝えておく。
⓫ 何の音かな？(P.30)	聴く楽しさも味わいながら、仲間と意見を交わすおもしろさを実感する。	1年生も知っている音で、不適切な音でないように、レク係がお題を作る時に指導する。聴覚過敏な子がいないかどうか事前に調べ、該当する子がいる場合には、使う音や音量について十分に配慮する。
⓬ 動物歌合戦 (P.32)	仲間と声を合わせることできもちがひとつになる楽しさを体験し、チームワークのおもしろさを感じる。	大声で怒鳴るように歌ってしまう子もいるので、楽しく歌うように伝える。童謡や唱歌、1年生で習った歌など、全員が知っている歌にする。一語一音の歌を選ぶ。
⓭ サイン送りじゃんけん (P.34)	共通の目標に向かって協力や団結することで、仲間といっしょに活動する楽しさや良さを味わう。	低学年に配慮し、サインはなるべく簡単なものにするように伝える。「背中に書く場合は、字ではなく棒の数や〇や△などの図形にした方が伝わりやすい、大きく書く」などと指示する。
⓮ シュート＆キャッチ (P.36)	ルールに従って集団で遊ぶ楽しさや成功時の達成感を体験する。	ボールは下から投げるか、バウンドさせる方が捕りやすいことを伝える。特に低学年がゴールマンをする場合には、それをルールとして課すように指導する。
⓯ 円陣手つなぎ風船ラリー (P.38)	仲間の存在に気づき、円滑なコミュニケーションを取れるようにする。	人数が10人以上になるとラリーが難しく、全員が打てない場合も考えられる。縦割りでやる場合には、1班を多くても8人くらいまでになるように調整した方が楽しめる。

みんながハッピー！レクリエーションアイデア 早見表

1巻「学年・クラスレク」

ページ	番号	レク	ねらい	時間	準備	人数	場所	こんなときに	どんなレク？
10	1	順番に並ぼう	自分や友達をしょうかいしよう！	5〜10分	有	5人以上	教室/体育館	学年・クラス行事/たてわり班活動/キャンプファイヤー	声を出さずに決めたテーマに沿ってみんなで順番に並びましょう。
12	2	自己しょうかいすごろく		20分	有	1班4〜5人	教室	学年・クラス行事/たてわり班活動	すごろくで自己しょうかい！友達の意外な一面を知れるかも。
14	3	友達しょうかいをつなごう		15分	有	1班4〜5人	教室	学年・クラス行事/たてわり班活動/バス移動	順番に自己しょうかい！前の人の自己しょうかいも覚えているでしょうか？
16	4	いっしょに立とう	きもちをぴったり合わせよう！	10分	有	1班2〜3人	体育館	学年・クラス行事/たてわり班活動/キャンプファイヤー	ペアの人とうでを組み、いっしょに立ち上がりましょう。
18	5	パチパチリレー		5分	無	8人以上	教室/体育館	学年・クラス行事/たてわり班活動/バス移動/キャンプファイヤー	みんなでパチパチと、拍手をリレーのようにつなぎましょう！
20	6	たおさずキャッチ		20分	有	1班2人	体育館/校庭	学年・クラス行事/たてわり班活動	相手がはなした棒を、たおれる前にキャッチ！
22	7	魔法のじゅうたんレース		20分	有	1班3人	体育館	学年・クラス行事/たてわり班活動	アラジン役の人を新聞紙の上に乗せて運ぶレースです。
24	8	あなたからもらったものは…	仲間を受け止めよう	10分	有	1班4〜5人	教室	学年・クラス行事/たてわり班活動	ジェスチャーで見えないものをわたします。何をわたされたか想像しましょう。
26	9	ナイス！アイデア！		30〜45分	有	1班4〜5人	教室	学年・クラス行事	班のみんなで海賊を説得するアイデアを考えましょう。
28	10	支え合うってすてきだね		15分	無	1班5人以上	体育館	学年・クラス行事/キャンプファイヤー	体をいすのようにして、おたがいの体を支えて大きな輪をつくります。
30	11	名たんていになろう	チームでまとまろう！	20分	有	1班4〜5人	教室	学年・クラス行事/たてわり班活動/バス移動	相手が選んだキャラクターを質問して当ててみましょう。
32	12	じゃんけん城くずし		20分	有	1班6人	教室/体育館	学年・クラス行事/たてわり班活動	2班に分かれてじゃんけん対決！どんどん城に攻め込みましょう！
34	13	オーバー・ザ・シー		30分	有	1班3〜4人	教室	学年・クラス行事	魔法のじゅもん「オーバー・ザ・シー！」を使って陣取り合戦！
37	14	レッツ・ターン・オーバー		30分	有	1班7〜10人	体育館	学年・クラス行事/たてわり班活動	自分たちのカードを守りながら、相手のカードをどんどんひっくり返します。

2巻「たてわりレク」

ページ	番号	レク	ねらい	時間	準備	人数	場所	こんなときに	どんなレク？
10	1	名刺交換、よろしくね	ほかの学年の友達と知り合おう！	15分	有	1班6〜10人	教室/体育館	学年・クラス行事/たてわり班活動	名刺を交換しながら、好きなものを教え合います。
12	2	何が好き？		25分	有	1班6〜10人	教室	学年・クラス行事/たてわり班活動	同じものが好きな人が集まり、語り合います。
14	3	リズムでつなごうみんなの輪		15分	有	1班6〜10人	教室/体育館	学年・クラス行事/たてわり班活動	手やひざをリズミカルにたたきながら、名前を呼び合います。
16	4	くっつき虫	ふれあってきずなを深めよう！	15分	無	1班2人	教室	学年・クラス行事/たてわり班活動/キャンプファイヤー	2人組で体の一部をくっつけたまま動いてみましょう。
18	5	人間ちえの輪		25分	有	1班6〜10人	教室	学年・クラス行事/たてわり班活動/キャンプファイヤー	みんなで手をつないで、ちえの輪をつくります。うまくほどけるでしょうか？
20	6	勝て勝てパワーじゃんけん		20分	有	1班6〜10人	教室	学年・クラス行事/たてわり班活動/キャンプファイヤー	「勝て勝て！」とパワーを送りながら背中をさすってじゃんけんぽん！
22	7	ギュッと団結！		20分	有	1班6〜10人	教室	学年・クラス行事/たてわり班活動	1枚の新聞紙にみんなで乗って、支え合いましょう！
24	8	この動物何だ？	相談しながら答えを見つけよう！	20分	有	1班6〜10人	教室/体育館	学年・クラス行事/たてわり班活動	体の動きだけで、何の動物が伝えましょう。
26	9	記憶力お絵かきゲーム		25分	有	1班6〜10人	教室	学年・クラス行事/たてわり班活動	見本の絵をおぼえて、班のみんなでリレーしながら絵を完成！
28	10	記念撮影「はい、ポーズ！」		20分	有	1班6〜10人	教室	学年・クラス行事/たてわり班活動	相手の班のポーズはどこが変わったでしょうか？まちがえ探しを楽しんで。
30	11	何の音かな？		20分	有	1班6〜10人	教室	学年・クラス行事/たてわり班活動/キャンプファイヤー	音を聞いて、何の音かを相談して答えましょう。
32	12	動物歌合戦	心を合わせてもっと仲よくなろう！	10分	有	1班6〜10人	教室/体育館	学年・クラス行事/たてわり班活動/キャンプファイヤー	動物の鳴き声をまねしながら歌合戦。
34	13	サイン送りじゃんけん		15分	無	1班6〜10人	体育館	学年・クラス行事/たてわり班活動/キャンプファイヤー	仲間だけのサインでじゃんけんの手を決めて、いざ勝負！
36	14	シュート&キャッチ		20分	有	1班6〜10人	校庭/体育館	学年・クラス行事/たてわり班活動	ゴールマンの持っている箱に向かってボールをシュート！
38	15	円陣手つなぎ風船ラリー		20分	有	1班6〜8人	体育館	学年・クラス行事/たてわり班活動	輪になって手をつなぎ、風船を落とさないように打ち上げます。

このシリーズでしょうかいしているレクの一覧表です。レクのねらい、時間、準備、人数、場所、向いているタイミング、内容がすぐにわかるので、レクを選ぶときに活用してください。このシリーズではイベント別にレクを紹介していますが、そのほかにもそのレクを楽しめる機会があります。「こんなときに」を参考にしてください。

3巻「バスレク」

ページ	番号	レク	ねらい	時間	準備	人数	場所	こんなときに	どんなレク？
10	1	命令ゲーム	失敗をおそれず楽しもう	10分	無	4人以上	バス/教室	学年・クラス行事/たてわり班活動/バス移動/キャンプファイヤー	リーダーの指示に合わせて動きます。まちがえないようにできるでしょうか？
12	2	Let's ぱぴぷぺぽん	失敗をおそれず楽しもう	15分	有	1班 6〜10人	バス/教室	学年・クラス行事/たてわり班活動/バス移動/キャンプファイヤー	いろいろな歌を「ぱぴぷぺぽ」で言いかえて歌いましょう。
14	3	後出しじゃんけん	失敗をおそれず楽しもう	10分	無	1班 4人以上	バス/教室	学年・クラス行事/たてわり班活動/バス移動/キャンプファイヤー	後出しなのに難しい！ 相手に負ける手を出してみましょう。
18	4	アップダウンキャッチ	失敗をおそれず楽しもう	10分	無	2人以上	バス/教室	学年・クラス行事/たてわり班活動/バス移動/キャンプファイヤー	相手の指をタイミングよくぎゅっとつかまえる手あそびです。
20	5	お絵かきリモコン	バスでもっと仲よく	20分	有	2人以上	バス/教室	学年・クラス行事/バス移動	レク係のことばからイメージをふくらませてお絵かきをします。
22	6	お絵かきしりとり	バスでもっと仲よく	20分	有	1班 4〜8人	バス/教室	学年・クラス行事/バス移動/たてわり班活動	ことばを使わず、絵をかいてしりとりをしましょう。
24	7	リズム九九遊び	バスでもっと仲よく	10分	無	4人以上	バス/教室	学年・クラス行事/バス移動	リズムに合わせて手やひざをたたきながら、九九をとなえます。
26	8	軍手回しリレー	バスでもっと仲よく	10分	有	1班 6人以上	バス/教室	学年・クラス行事/バス移動	手拍子しながら、軍手をどんどんリレーしていきましょう。
28	9	え〜！	バスでもっと仲よく	15分	無	1班 8〜10人	バス/教室	学年・クラス行事/バス移動	相手がどんな状況の「え〜！」を表現しているか当ててみましょう。
30	10	手拍子チームワーク	バスでもっと仲よく	5分	無	4人以上	バス/教室	学年・クラス行事/バス移動/キャンプファイヤー	かけ声にあわせて、手拍子をつないでいきます。
32	11	それは何でしょう？	バスでもっと仲よく	20分	無	1班 4人	バス/教室	学年・クラス行事/バス移動/たてわり班活動	質問を重ねて、相手が想像しているものを当てましょう。
34	12	クイズぱぴぷぺぽん	行事をより楽しもう！	15分	有	4人以上	バス/教室	学年・クラス行事/バス移動/キャンプファイヤー	「ぱぴぷぺぽ」で言いかえたことばを聞いて、それが何か当てましょう。
36	13	○○と言えば？	行事をより楽しもう！	15分	有	4人以上	バス/教室	学年・クラス行事/バス移動	お題から連想するものを考えてあそびましょう。
38	14	あるの？ないの？ジャッジをどうぞ	行事をより楽しもう！	15分	無	4人以上	バス/教室	学年・クラス行事/たてわり班活動/バス移動/キャンプファイヤー	バスの行き先にあるものをリズムにのせて発表します。

4巻「キャンプファイヤーレク」

ページ	番号	レク	ねらい	時間	準備	人数	場所	こんなときに	どんなレク？
12	1	リズムでセッション	一体感を味わおう！	20分	有	1班 4〜5人	広場/教室	学年・クラス行事/たてわり班活動/バス移動/キャンプファイヤー	1人がつくったリズムをみんなでまねしてリレーします。
14	2	言うこといっしょ！やること反対！	一体感を味わおう！	10分	無	5人以上	広場/校庭	学年・クラス行事/たてわり班活動/キャンプファイヤー	レク係のかけ声や動きに合わせて動いたり、反対に動いたりします。
16	3	あんたがたどこさ	一体感を味わおう！	15分	無	5人以上	広場/校庭	学年・クラス行事/たてわり班活動/キャンプファイヤー	みんなで輪になり、歌に合わせて、右へ左へと動きましょう。
18	4	いくぞバンバン	一体感を味わおう！	15分	無	5人以上	広場/校庭	学年・クラス行事/たてわり班活動/キャンプファイヤー	ふしぎなかけ声に合わせて、みんなで楽しく動きましょう。
20	5	クワガタガシガシ	一体感を味わおう！	15分	無	5人以上	広場/校庭	学年・クラス行事/たてわり班活動/キャンプファイヤー	みんなでクワガタになりきってみましょう。
22	6	THE 飛行石！	一体感を味わおう！	20分	有	1班 4人	広場/校庭	学年・クラス行事/たてわり班活動/キャンプファイヤー	新聞紙でできた「飛行石」を新聞紙に乗せてリレーします。
24	7	ぴよぴよさん	きもちを開放させよう！	15分	無	5人以上	広場/校庭	学年・クラス行事/たてわり班活動/キャンプファイヤー	レク係の動きをまねしてあそびましょう。
26	8	落ちた落ちた	きもちを開放させよう！	10分	無	5人以上	広場/教室	学年・クラス行事/たてわり班活動/バス移動/キャンプファイヤー	かけ声に合わせていろいろなものを拾うジェスチャーをしましょう。
28	9	成長じゃんけん	きもちを開放させよう！	20分	無	6人以上	広場/校庭	学年・クラス行事/たてわり班活動/キャンプファイヤー	勝つたびに成長していくじゃんけんあそびです。
30	10	鳴き声集まり	きもちを開放させよう！	15分	有	1班 4〜5人	広場/校庭	学年・クラス行事/たてわり班活動/キャンプファイヤー	動物になったつもりで鳴き声をたよりに仲間を探しましょう。
32	11	シュウマイじゃんけん	きもちを開放させよう！	10分	無	1班 3人	広場/教室	学年・クラス行事/たてわり班活動/キャンプファイヤー	グーチョキパーを材料に見立てて、シュウマイの完成を目指します。
34	12	木の中のリス	きずなを深めよう	20分	有	16人以上	広場/校庭	学年・クラス行事/たてわり班活動/キャンプファイヤー	木やリスになったつもりでオオカミのセリフに合わせて動きます。
36	13	もうじゅう狩り	きずなを深めよう	15分	無	10人以上	広場/校庭	学年・クラス行事/たてわり班活動/キャンプファイヤー	歌とダンスをしながら、動物の名前の文字数に合わせて集まります。
38	14	フープ回しリレー	きずなを深めよう	15分	有	1班 8〜10人	広場/校庭	学年・クラス行事/たてわり班活動/キャンプファイヤー	みんなで輪になり、フラフープをくぐって一周させます。
40	15	仲間を見つけよう	きずなを深めよう	15分	有	10人以上	広場/校庭	学年・クラス行事/たてわり班活動/キャンプファイヤー	同じカードを持った人を声を出さずに見つけましょう。

レク用シート

10ページ 「名刺交換、よろしくね」名刺シート
A4→A3サイズに拡大コピーして使おう

ダウンロードはここから→

（　　）ねん（　　）くみの （　　　　　　　　　　　）です すきな　くだものは（　　　　　　）です	（　　）ねん（　　）くみの （　　　　　　　　　　　）です すきな　あそびは（　　　　　　）です
（　　）ねん（　　）くみの （　　　　　　　　　　　）です すきな　きゅうしょくは（　　　　）です	（　　）ねん（　　）くみの （　　　　　　　　　　　）です すきな　まんがは（　　　　　　）です
（　　）ねん（　　）くみの （　　　　　　　　　　　）です すきな　おかしは（　　　　　　）です	（　　）ねん（　　）くみの （　　　　　　　　　　　）です すきな　のみものは（　　　　　　）です
（　　）ねん（　　）くみの （　　　　　　　　　　　）です すきな（　　　）は（　　　　）です	（　　）ねん（　　）くみの （　　　　　　　　　　　）です すきな（　　　）は（　　　　）です

10ページ 「名刺交換、よろしくね」台紙
もらっためいしをはりましょう

＿＿がつ　＿＿にち　＿＿＿ようび
＿＿ねん　＿＿くみ　なまえ＿＿＿＿＿＿＿＿

✏️ かんそう

| 24ページ | 「この動物何だ？」 | 32ページ | 「動物歌合戦」 動物カード |

ダウンロードはこちらから →

26 ページ 「記憶力お絵かきゲーム」イラストシート①

26ページ 「記憶力お絵かきゲーム」イラストシート②

49

★ 監修 ★

蒲地啓子（帝京大学大学院教職研究科 客員准教授）

横浜市立小学校教員、横浜市教育委員会首席指導主事、横浜市立小学校長、横浜市教育委員会人権教育児童生徒担当課長等を経て現職に。学級を担任せず児童指導と特別支援教育を専らにする横浜市独自の児童支援専任教諭の育成や、いじめ・不登校の未然防止策としての「子どもの社会的スキル横浜プログラム」の作成及び改訂に継続的にかかわる。公認心理師、学校心理士。横浜市児童指導教育研究会相談役。

土井 純（横浜市立綱島東小学校長）

横浜市立小学校教員、横浜市教育委員会主任指導主事を経て現職に。いじめ・暴力行為・発達障害・不登校、日本語指導の必要な児童生徒等、児童生徒の諸課題に対応する児童支援・生徒指導専任教諭の育成に関わる。研究論文集「生徒指導額研究」（学事出版）第22号で「生徒指導提要の目的を具現化する『子どもの社会的スキル横浜プログラム』」を執筆。横浜市児童指導教育研究会副会長。

横浜市児童指導教育研究会

1996年に学級経営や児童指導を学ぶ教員の研究会として発足。横浜市にて年間10回程度の研究会を開催。横浜市独自のグループアプローチ「子どもの社会的スキル横浜プログラム（横浜プログラム）」を中心に、だれもが安心して豊かに学べる授業づくり・学級づくり・学校づくりについて研究を重ねている。

表紙イラスト	トリバタケハルノブ
本文イラスト	トリバタケハルノブ まつむらあきひろ オカダケイコ
イラスト協力	宮原美香
デザイン	渡邊民人・森岡菜々（TYPEFACE）
編集	西野 泉・小園まさみ（編集室オトナリ）
校正	文字工房燦光
取材協力	横浜市立羽沢小学校

みんながハッピー！ レクリエーションアイデア②
たてわりレク

発　行	2025年4月　第1刷
監　修	蒲地啓子（帝京大学大学院教職研究科 客員准教授） 土井 純（横浜市立綱島東小学校長） 横浜市児童指導教育研究会
発行者	加藤裕樹
編　集	片岡陽子
発行所	株式会社ポプラ社 〒141-8210　東京都品川区西五反田3-5-8　JR目黒MARCビル12階
ホームページ	www.poplar.co.jp（ポプラ社） kodomottolab.poplar.co.jp（こどもっとラボ）
印刷・製本	大日本印刷株式会社

ISBN 978-4-591-18493-6　N.D.C.374　49p　29cm　Printed in Japan
©POPLAR Publishing Co.,Ltd. 2025

落丁・乱丁本はお取り替えいたします。ホームページ(www.poplar.co.jp)のお問い合わせ一覧よりご連絡ください。本書のコピー、スキャン、デジタル化等の無断複製は著作権法上での例外を除き禁じられています。本書を代行業者等の第三者に依頼してスキャンやデジタル化することは、たとえ個人や家庭内での利用であっても著作権法上認められておりません。

P7265002

あそびをもっと、まなびをもっと。